Tengo sentimientos

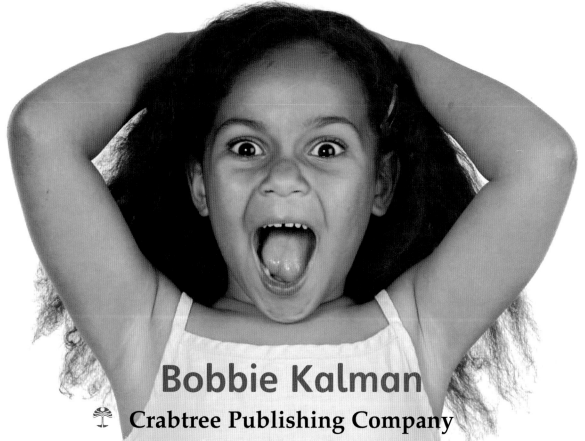

Bobbie Kalman
Crabtree Publishing Company
www.crabtreebooks.com

Creado por Bobbie Kalman

Autor y Jefe editorial
Bobbie Kalman

Consultores pedagógicos
Joan King
Reagan Miller
Elaine Hurst

Editores
Joan King
Reagan Miller
Kathy Middleton

Revisor
Crystal Sikkens

Diseño
Bobbie Kalman
Katherine Berti

Investigación fotográfica
Bobbie Kalman

Coordinador de producción
Katherine Berti

Técnico de preimpresión
Katherine Berti

Fotografías por Shutterstock

Library and Archives Canada Cataloguing in Publication

Kalman, Bobbie, 1947-
     Tengo sentimientos / Bobbie Kalman.

(Mi mundo)
Translation of: I have feelings.
Issued also in an electronic format.
ISBN 978-0-7787-8554-5 (bound).--ISBN 978-0-7787-8580-4 (pbk.)

     1. Emotions--Juvenile literature. I. Title. II. Series: Mi mundo
(St. Catharines, Ont.)

BF561.K3418 2011   j152.4   C2010-904152-6

Library of Congress Cataloging-in-Publication Data

Kalman, Bobbie.
     [I have feelings. Spanish]
     Tengo sentimientos / Bobbie Kalman.
          p. cm. -- (Mi mundo)
     ISBN 978-0-7787-8580-4 (pbk. : alk. paper) -- ISBN 978-0-7787-8554-5 (reinforced
library binding : alk. paper) -- ISBN 978-1-4271-9575-3 (electronic (pdf))
     1. Emotions--Juvenile literature. I. Title. II. Series.

BF511.K3518 2011
152.4--dc22

                                                                                2010024652

Crabtree Publishing Company

www.crabtreebooks.com   1-800-387-7650

Printed in Hong Kong/042011/BK20110304

Publicado en Canadá
Crabtree Publishing
616 Welland Ave.
St. Catharines, Ontario
L2M 5V6

Publicado en los Estados Unidos
Crabtree Publishing
PMB 59051
350 Fifth Avenue, 59th Floor
New York, New York 10118

Publicado en el Reino Unido
Crabtree Publishing
Maritime House
Basin Road North, Hove
BN41 1WR

Publicado en Australia
Crabtree Publishing
386 Mt. Alexander Rd.
Ascot Vale (Melbourne)
VIC 3032

Palabras que debo saber

enojado   furioso   valiente   feliz

orgulloso   triste   asustado   gracioso

3

Me siento feliz.

Me siento triste.

Me siento enojado.

Me siento furioso.

Me siento asustado.

Soy valiente.

Soy gracioso.

Me siento orgulloso.

Me gustan estos sentimientos.

feliz   valiente   orgulloso   gracioso

No me gustan estos sentimientos.

triste   furioso   enojado   asustado

Actividad
¿Cómo te sientes?

sorprendido

listo

avergonzado

emocionado

confundido

alegre

hermoso

genial

maravilloso

asombrado

contento

seguro

15

Notas para los adultos

Hablar sobre los sentimientos

Este libro presenta a los niños sentimientos que tal vez les gusten o no. Pídales que describan qué se siente al estar feliz, triste, furioso, orgulloso, gracioso, seguro, confundido, avergonzado o emocionado. Pídales que nombren algunos sucesos que provocan ciertos sentimientos o ciertas emociones. Hablar sobre los sentimientos es una buena manera de comprender que los sentimientos, ya sea que nos hagan sentir bien o mal, son algo normal.

¡Represéntalo!

Escriba en tarjetas las palabras de vocabulario sobre sentimientos que se presentaron en este libro. Escriba un sentimiento en cada tarjeta. Coloque las tarjetas boca abajo. Pida a los niños que se turnen para escoger una tarjeta y luego representen la emoción con expresiones faciales, lenguaje corporal y acciones. Los otros niños pueden adivinar qué emoción muestra el estudiante. Las fotos de este libro les harán darse cuenta de las expresiones faciales y el lenguaje corporal que corresponden a ciertos sentimientos.

Colorea tus sentimientos

Muestre a sus estudiantes algunas hojas de papel de colores. Pídales que describan lo que sienten al ver cada uno de los colores. ¿El color rosado los hace sentirse felices y el azul los hace sentirse tristes? Lea en voz alta el vocabulario de los sentimientos que aparecen en este libro y pregúnteles qué color describe mejor cada sentimiento.